THE
ART
OF
CHOOSING
论选择的艺术

EPICTETUS

[古罗马] 爱比克泰德 著

孙腾 译

陕西新华出版
太白文艺出版社·西安

果麦文化 出品

本书选自爱比克泰德的《手册》

(*The Enchiridion*)

是爱比克泰德硕果仅存的

生命箴言

目　录

正文　　　　　　　　　　　001

爱比克泰德生平年表　　　099

译后记　　　　　　　　　104

01

1. 有些事物，我们需要对它们负责；而另一些则不然。前者包括我们的判断、冲动、渴望、厌恶，以及一般意义上的精神官能；后者包含肉体、财物、名声、地位，简言之，一切我们无法自主选择的东西。

2. 前者天性自由、无拘无束、周游无碍，后者则脆弱、低劣、受制于他人——而且和我们自身无关。

3. 记住，如果你把本质低劣的东西错认为完全独立的自由之物，把本来和你无关的东西误认为是属于自己的，那么你就会失望、悲伤、忧愁，并且与人不睦，且怨天尤人。但如果你对什么真正属于你、什么并不属于你持有正确的看法，你就永远不会被强迫，不会受到阻碍，不会责备或批评别人，你所做的一切都将是心甘情愿的。你将永无对手，没人可以伤害你，因为你能抵御一切伤害。

4. 要想获得丰厚的回报，就得意识到——这不是随随便便就能得到的。你要牺牲其他野心，至少牺牲掉眼前的那些。如果你既想要这丰厚的回报，同时又孜孜不倦地追名逐利，那么三心二意的结果是，可能名和利都没得到，而自由与幸福也完全离你而去。

5. 所以，请立即练习，对每一个给人带来强烈影响的表象说："你只是表象而已，并不是表象的根源。"然后用你的标准来检验、评估它，但最主要的是要问："这是我能控制的东西，还是我控制不了的东西？"如果是控制不了的东西，那就做好准备给出回答："这与我无关。"

02

1. 欲望有两个方面：一是旨在获得那些你渴望的东西，一是试图避免那些你厌恶的东西。如果得不到能满足欲望的东西，你会觉得不幸；如果得到了本想避免的东西，你就会不悦。所以，如果你厌恶的是那些你能控制，但又和你的本性相抵触的东西，那么你可以避免因这些东西而感到不快。但如果你厌恶的是疾病、死亡或贫穷这类无法控制的东西，那你注定是要失望的。

2. 不要去厌恶那些我们无力控制的东西，只讨厌那些与我们的天性相悖而且我们又能控制的东西就好。至于渴望，现在就完全将它置之不理吧。因为，如果你渴望某种自己无法控制的东西，你终将会失望；即使是我们可以控制的、在某些环境下可能也值得我们去渴望的事情，也有可能暂时还没有能力实现。在决定选择什么、拒绝什么的时候，节制自己吧，谨慎小心，既要自律，也要超然。

03

对于那些使你特别开心,或是给你带来特别多的好处,又或是让你分外依恋的东西,要提醒自己它们到底是什么。先从价值最低的东西开始。比如你喜欢瓷器,你可以说:"我爱的只是一块瓷而已。"这样万一它打碎了,你就不会那么沮丧了。

04

　　当计划某个行动时，先在脑海中预演一下计划的内容。如果你要出去洗澡，就想象一下澡堂里的典型场景——人们可能会泼水、推搡、大叫、偷你的衣服。如果你一开始就告诉自己，"我要洗澡，但与此同时我选择让自己的意志顺其自然"，那么你就能更沉着地完成这个行动。做每件事都要这样。这么一来，假如发生了什么事败坏了你洗澡的兴致，你就早有心理准备了："好吧，我不想这样,但我选择自己的意志顺其自然——难道就因为一有什么坏事发生在我头上,我就一蹶不振了吗?这是不可能的。"

05

　　不是发生了什么事情扰乱了人心，能扰乱人心的是人们对事情的判断。例如，死亡本身并不可怕，不然为什么苏格拉底不觉得死亡可怕呢？是我们判断了死亡可怕——这才是真正可怕的地方。所以，当我们烦忧、气愤、不适时，不要责怪外物，需要为之负责的只有我们自己——也就是我们的判断。无知之人倾向于将自己的不幸归咎于他人。能自责则是更进一步，但真正的智者从来都既不责怪他人，也不责怪自己。

06

不要以资产为傲,而要以自己为傲。如果一匹马夸耀自己漂亮,尚可以忍受。但你没发现吗,如果你炫耀自己有一匹漂亮的马,那你是在为马的特质而邀功。什么是你的特质呢?智慧地运用表象。如果你能顺应自然地运用表象,那你大可自傲,因为这是在为只属于你自己的特质而欢庆。

07

1. 如果你是一名水手，船已经靠岸，你可能会决定下船取水。在路上，你可能会停下来采集贝壳，或是摘些蔬菜，但你务必记住，还有艘船在等你，要记得聆听船长的回程信号。当他召唤时，你必须放下手头的一切，否则你就会被绑起来，像牲口一样被人扔上船。

2. 生命也是如此。妻子和儿女自然是比贝壳和蔬菜重要上千倍。但是，当船长召唤时，你必须做好和他们分别的准备，不要有一丝留恋。如果你年事已高，那就别走太远，否则当你收到召唤时，就来不及返回了。

08

不要指望事情总能如你所愿,无论发生了什么,都要欣然接受——这才是心平气和之道。

09

疾病是身体出了问题，不是心灵的问题——除非你的心灵认为这是个问题。瘸腿也是身体的病症，不是心灵的纰漏。无论遇到什么情况，都这样提醒自己，你会发现问题无一例外总是和外物有关，而与你自身并无关系。

10

对于每一个挑战,都要牢记自己心中有什么可以应对的力量。看到俊男靓女,心池荡漾之时,在心中找到与之对抗的自制力。面临痛苦时,找到能挨过去的忍受力。在被侮辱的时刻,找到摆脱它的耐心。久而久之,你会变得自信,没有任何表象是你找不到道德手段加以应对的。

11

1. 不管遇到什么情况都不要说"我失去了某某东西",只要说"我把某某东西还回去了"。是你的亲人去世了吗?不,他们只是回到了来处。"我的土地被没收了",不,它也只是从哪里来就回哪里去了。

"但那是被贼偷去的。"

2. 为什么要操心最初的赐予者[①]是用什么手段收回他的馈赠呢？当他把东西托付给你时，就像旅人对待旅店一样，把它当成暂时归你享用的东西来照管就好。

[①] 此处指的是神，或是人格化的自然。（如无特别说明，脚注均为译者注）

12

1. 如果你想取得进步,那就要抛开这种思路——"如果我不能更好地打点我的事务,最后就会一贫如洗",或是"除非我好好管教仆人,否则他就会不中用"。死于饥饿但免受忧伤与恐惧之苦,也比生活富足但饱受不安的折磨要好。仆人不中用,也比你不开心要强一些。

2. 因此，从价值不大的小事开始。不小心洒了一些油、被偷了一些酒的时候，对自己说："不值得为这么点东西搅乱我的宁静平和。"但没有任何东西是完全免费的。所以当你召唤仆人时，要做好准备，他有可能无视你，或者嘴上确实答应了，却没做你需要他做的事情。同样的，不值得为了他扰乱自己平和的心绪。

13

　　如果你想取得进步,那就别去在意自己是否在世俗事务方面显得无知或幼稚,别去渴望获得睿智的名声。如果你的确给别人留下了印象,让人觉得你是个人物,不要完全相信。你必须意识到——让你的意志始终和自然保持一致,或是始终和外界保持一致——并不是件容易事。顾此失彼是难免的。

14

1. 要是你想让自己的儿女、妻子或朋友永生不死，那就太愚蠢了。这是你力不从心的，你自己没有这本领，也没法赋予别人。要求你的手下人对你诚实也是同理，这就好比要求坏人不做坏事。然而，你可以控制自己的欲望，避免失望，这才是你需要关注的，因为这是你力所能及的。

2. 如果有人能控制我们渴望或厌恶的东西，那我们就会受制于他。所以，如果你想获得自由，就别去奢望拥有或避免那些掌控在别人手里的东西，否则你必然成为他们的奴隶。

15

记住,行事要始终像是在参加晚宴。当食物或饮品经过你面前时,有礼貌地拿一些;如果已经从你眼前晃过去了,别试着硬拽回来;而如果还没到你跟前,也别让欲望冲昏了头脑,安静地等到轮到你的时候再伸手。对于妻儿、财富、地位,也要有类似的态度,时间到了,你将有机会和众神共进晚宴。更进一步,如果这些东西送到了眼前,你也婉言谢绝,那你就不只是与众神为伴，更是分享了众神的力量。第欧根尼、赫拉克利特以及和他们一样的哲学家，就是因为其尊贵的行为，而被视为神圣。

16

　　每当你看到有人因为失去儿女或遭遇一些物质损失而痛哭流涕、心急如焚的场景，当心，不要因这种表象而认定他们的境遇真的十分糟糕。要随时反思，他们并不是为发生的事情而烦忧——因为同样的事情发生在有的人身上，却并不会让他有这样的感受——而是被自己看待事情的方式所扰。然而，你也不应该对给予同情这件事表示不屑，至少要说些安慰的话，甚至是要表现出在分担他们的忧伤,但不要全心全意地和他们一起陷进去。

17

要记住,你不过是戏中的演员,戏怎么演归根结底取决于导演的选择。不论他希望这出戏的情节是长是短,不管他让你演穷人、演瘸子,还是演国王、演平民百姓——无论分配给你什么角色,技艺高超的演员都会接受任务,无私地尽好扮演的本分,但分配角色却不是我们的事情。

18

如果你听见了一只乌鸦不吉利的叫声,不要因为这个表象而心生警惕。马上用头脑辨别一下,然后告诉自己:"这些征兆对我没有意义,它们至多和我的肉体、财富、家庭或名声有关。至于我本身,只要我想,那么每个征兆都是吉兆。因为不管发生什么,我都能从中获得一些益处。"

19

1. 不去参加那些你没法控制结果的竞赛，你就会永远不败。

2. 不要被外物误导，以为声望更高、权力更大或者有些其他不同凡响之处的人就一定幸福。如果我们心中存有善的本质，那么就不会有嫉妒或艳羡的余地，你就不会在乎自己没当上将军、元老、执政官，而只会在乎自己是否自由。而自由之道，便是看淡外物。

20

记住,被欺负和侮辱,都不至于使你受到伤害,真正让你受到伤害的是你认为自己被伤害了。如果有人成功激怒了你,要明白,这是因为你的心灵也选择和他串通一气,使你被激怒。重要的是,不要对表象做出冲动的回应,要三思而后行,这样你就更容易控制自己。

21

每天都要把死亡、流放以及所有这类明显的悲剧摆在自己面前并正视它们,尤其是死亡。这样你就不会觉得自己过得悲惨,也不会欲求过度。

22

如果你全心投入哲学，那就立刻做好准备迎接大量的冷嘲热讽吧："我们当中突然冒出来了个哲学家哟！""他现在怎么这么自命不凡？"只要不是真的自命不凡就行：坚持你的原则，就像是神明让你接受哲学家这个角色。放心，如果你始终待人真诚，那些拿你寻开心的人会慢慢转而钦佩你；而如果你因为他们的嘲笑而放弃了自己的选择，你就会遭到加倍的嘲笑。

23

　　如果你有朝一日试图寻求外界的认可,那就要明白,这是在拿自己的诚实正直做妥协。所以,满足于当个哲学家吧,如果你还需要个见证人,那就自己给自己当见证人;你本身就能为一切需要人来见证的事做证。

24

1. 不要让这样的想法困扰自己："我这辈子都没法不同凡响了，终此一生都是个完全默默无闻的无名之辈。"无法不同凡响很糟糕吗？要是真的很糟糕，那原因不在于他人，就像耻辱的原因也不在于他人一样。升官、被邀请去宴会，这些事情都是完全由你决定的吗？不是。所以，就算你没升官、没被邀请去宴会，也不是什么耻辱。如果你在自己能控制的领域里，也就是说在你有能力发光发热的领域里成为一个人物，那你怎么会是个"默默无闻的无名之辈"呢？

2．你会说，"但这样我帮不了我的朋友们啊"。如果你说的"帮不了"是指他们没法从你这儿弄到钱，或是你没法帮他们拿到罗马公民身份，那么好吧，谁告诉你，要为这些事情负责呢？再说了，谁能给予另一个人他自己都没有的东西呢？有人会说："赚大钱吧，这样我们就都可以分一杯羹了。"

3. 如果能在保持自己诚实、可靠、有尊严的前提下赚大钱，那告诉我该怎么做，我马上去照办。但假如你指望我牺牲自己的价值观，只为了让你能染指那些甚至都不是什么好东西的东西，好吧，你自己就明白这么做该有多么轻率、多么不公平了。那么，你到底更想选择什么？钱，还是一个可靠又忠实的朋友？所以，为何不一如既往地支持我，而是非要我做会丧失品行的事情呢？

4."但这样帮不上我们的社会啊——在我能提供帮助的范围内。"还是一样的,你心里所想的是哪种帮助?没错,你没法为社会盖房子、建公共浴池,但那又能怎么样呢?铁匠做不出鞋来,鞋匠也造不出武器。每个人各司其职就够了。我的意思是说,为这个社会增添一个守法又忠于职守的公民,难道不算为社会做贡献吗?

"算。"

所以,显然你可以完全靠自己的力量为社会做贡献。"好吧,那我要选择什么职业呢?"只要你始终保持诚实正直，做什么都好。

5. 如果你一方面狂热地想要成为对社会有用的人，一方面却丧失了这些品质，变得无耻又堕落，那么到头来你又能对社会有什么贡献呢？

25

1. 在正式晚宴或颁奖宴会上，有人比你更受青睐，人们在征求你的意见之前先去请教他的。如果这种荣誉是好的，那你应该为他感到高兴才是；如果是不好的，那你就不该为得不到它而恼火。而且要记住，如果你没有为了获得这些荣誉而做出过和他一样的行为，那你就不该期盼能收获和他一样的结果。

2．一个不屑于赞美成阿谀奉承的人，无法得到他人才能得到的便宜或好处。每天围着上司溜须拍马的人，收到的回报与冷眼旁观的人不同。你拒绝逢迎别人，就不该指望能得到和逢迎者一样的回报。所以，如果你拒绝付出这些代价，却幻想免费获得这些特权，那就是不公平的，也是贪婪的。

3．一棵菜值多少钱？可能是一块钱？现在有人付了一块钱，得到了一棵菜，而你没付钱，所以就没拿到菜，别以为这样你就不如他了，他自然是有了菜，但你还有钱。

4．我们讨论的问题大致上也是同样的道理。你没被邀请去参加某人的宴会，那是因为你没有支付入场费，也就是说你没有向他献殷勤、唱赞歌。所以你要是想得到门票，那就要付出代价，不要再去想自己的开销。但如果你不买票还想得好处，那你就不仅贪婪而且还傻。

5．然而，如果你选择放弃这顿饭，就一定意味着自己空手而归吗？放弃的好处是，你不必违心地给主人唱赞歌了（也不必忍受他的仆人们的傲慢无礼）。

26

我们可以通过回忆日常经历来熟悉自然的意志。朋友打碎了杯子，我们马上会说："哎呀，运气不好。"那么，当我们自己打碎杯子的时候，也要以同样的耐心接受这个现实，这才称得上理性。更严重的事情也是一样，别人的妻子或儿女去世了，我们通常都会说："唉，生死有命。"但如果去世的是我们的亲人，却马上痛苦哀号："天哪，可怜可怜我吧！"我们最好记住当别人碰到类似遭遇的时候，我们是如何反应的。

27

就好比设置靶子的目的不是射不中靶心,邪恶也不是天然存在于世上的。①

---

① 这句话的意思是,邪恶的本质其实是"没有达到",是来自怠惰与疏忽。所以就像设置靶子不是为了射不中靶心一样,世界不会天然产生邪恶,邪恶是我们的心念"没有射中"的结果。

28

如果要你把肉体的控制权交给别人，你无疑是绝对不愿意的。那么因为随便某个人的批评就让自己的精神动摇，从而自动变得混乱不安，这难道不可耻吗？

29

1. 在着手实行任何一项计划前，先反思一下它的开头和后续。不然的话，你很容易因为没有多想想后边会发生什么，在开始时很有热度，而一旦遇到困难又会黯然放弃。

2. 你想在奥运会上夺冠？我也想，谁不想呢？这可是个光荣的成就。但在做出承诺之前，先反思一下现在和将来要做什么。你必须严守纪律，严格控制饮食，不能吃油腻的东西，无论寒冬酷暑都要按时坚持锻炼，不能想喝水就喝水、想喝酒就喝酒，简单来说，你必须像把自己交给医生一样交给教练。此外还要忍受艰苦的比赛，有时手腕会脱臼，脚踝会扭伤，嘴里吃着沙子，背上挨着毒打，而且就算吃了这么多苦，依然会被打败。

3. 把这些情况都考虑到之后，你还是想尝试的话，那么就去当运动员吧。但如果你没停下来考虑好，那你就会像小孩子一样，一会儿玩玩摔跤，一会儿搞搞角斗，一会儿演演戏，一会儿弄弄音乐。你这会儿是运动员，下一秒是角斗士，然后是演说家、哲学家……但什么都没用心去做。你就像猴子一样，自己恰好看到什么就模仿什么，被一件又一件事迷昏了头。你做什么都不走心，也没把事情考虑透彻，你对计划的态度随意又任性。

4. 同样，有一些人见过哲学家，或是听过欧福拉底斯①这样的人的演讲（只是，谁能讲得像他一样呢？），于是就也起了要当哲学家的念头。

5. 听好了，朋友，先研究一下这个行当，再评估一下自己的能力，就像你想当摔跤手或五项全能运动员之前先要评估一下自己的胳膊、大腿和后背一样。

---

① 欧福拉底斯（约35—118），常被称为斯多葛学派的欧福拉底斯。以雄辩著称于世。

6. 我们并不都适合做同样的事情。你觉得当一个哲学家，就是像你现在一样吃吃喝喝，有时渴望一些东西，有时抵触另一些吗？你要辗转反侧、忍受痛苦、离开家人、被奴隶们轻视、忍受陌生人的嘲笑，在地位、权力、法律事务上统统低人一头，换句话说，哪怕在最小的小事上，也只能得到最糟的结果。

7. 思考一下你是否愿意为宁静、自由、平和付出这样的代价。如果不，那就别沾这条路，不要像个孩子一样，这会儿当哲学家，接下来当税务官，然后又是演说家或政治家。这些角色无法兼得，无论好坏，你只能选择成为一种人。你要么关心自己的精神，要么关心物质的东西；要么专精于内在的东西，要么专注于外在之物。也就是说，你要么专心致志地当一个哲学家，要么就认认真真地当一个门外汉。

30

责任是由社会角色宽泛地定义的。这个人是你父亲,父子关系会要求你支持他,一直尊重他,容忍他的一些言语。

"但他不是个好父亲。"

你看,大自然给你的是一个父亲,可不一定是个好父亲。

"我的兄弟对我不公平。"

好吧，在一段关系中，做好你自己这一半的事情。不要把注意力都放在对方的行为上，只要关心自己必须做什么，让自己顺应自然。如果没有你的配合，没有人能真正伤害你，你觉得自己受伤害的那一刻，才真正受了伤害。

一旦你开始在每天的思考中赋予那些社会关系各自应有的位置，邻居、公民、将军，这些身份同样会告诉你应该做些什么。

31

1. 要意识到，我们在众神面前的首要义务是对他们抱有正确的信仰：众神存在，他们公正而良好地治理世界，他们把你放在这个世界上只有一个目的——服从他们，不管发生什么都欣然接受，坚信这是最高智慧的产物。这么一来，你就不会责怪众神，或是控诉他们疏忽大意。

2. 要想做到这一点，就别再把"好""坏"的标准加于外物，而只去讨论那些能受我们控制的东西是好是坏。因为，如果你用好坏来评价外物，所欲不得或得非所欲时，你就会责怪众神，并且不可避免地把他们当成自己不幸的根源来憎恨。

3. 所有的生物都会天然地选择回避自己认为有害或恶意的东西，热爱并趋向于有益或善意的东西。任何认为自己受了不公正对待的人，都不愿意受伤害，更不会爱伤害自己的人。

4. 所以，我们能看到，假如父亲没能给予孩子喜欢的东西，那么即使是孩子也会责备父亲。也是出于同样的原因，波吕尼刻斯和厄忒俄克勒斯①兄弟阋墙，两人都觉得自己一人独揽大权要好得多。这也是为何农夫会诅咒众神，为何水手、商人、痛失妻儿的人也会诅咒神明。虔诚与自利密不可分。结果是，你练习如何正确对待渴望与厌恶的时候，就是在练习如何虔诚了。

---

① 此二人都是俄狄浦斯王和自己的母亲乱伦生下的儿子，后为争夺权力自相残杀，即使死后一同火葬，火苗也互相分开不肯合并。他们的故事见于索福克勒斯的悲剧作品《安提戈涅》。

5. 与此同时，以传统的方式献祭、奠酒、供奉头一批水果，也不会有错，只要你是用心去做，不是漫不经心或照本宣科。不要奉献得太少，也不要超出自己的能力范围。

32

1. 在寻求预言占卜时，要始终牢记，你并不知道未来会发生什么，你是要去请教祭师的。然而，哲学家在占卜之前已经知道了将要发生的事情的价值。他知道，如果发生的事情在他的影响力之外，那就不能用好坏来评价。

2. 所以，如果你去问祭师，那就把渴望、恐惧、厌恶都抛在脑后，要确信未来本质上是中立的，和你无关。不管之后发生什么，你都可以利用它，这一点没人能够阻止你。要庄重待神，把他们当作你的顾问，但他们给出建议后，请记住是谁给的，如果你打算弃之不顾的话又会轻慢了谁。

3. 要用苏格拉底认为应该使用的方式来使用预言占卜，也就是说，只在需要了解未来的时候才占卜，那些能通过运用理性（另一种人力资源）来解决的问题，就不要占卜了。例如，不要去占卜你是否有责任保家卫国，或者是否要分担朋友面临的某些危险。假设祭师宣布预兆不吉，也即意味着在这种情况下可能会让你被流放，身体受到伤害，甚至死亡。但理性仍然会要求你忠于朋友，或是保家卫国。在这个问题上，我们只要咨询最伟大的预言家阿波罗即可：如果一个人无视遭强盗袭击的朋友的呼救，他就会拒绝让这样的人进入自己的神庙。

33

1. 决定好自己要做什么样的人，做出选择后，不管是有人相伴还是独自前行，都要坚持到底。

2. 大多数情况下，尽量保持沉默；只讲当讲之事，而且要把话说得简短。在极少数情况下，你需要讲话时，那就讲一下，但不要谈角斗士、赛马、竞技、吃吃喝喝这类陈腐的俗事。最重要的是，不要讲别人的闲话，不要奉承、诋毁、比较别人。

3．以身作则，带动你的朋友们也讲话得宜。不过，如果你发现自己身处陌生的环境，那就保持沉默。

4．尽量少发出笑声，不要笑得太频繁或太大声。

5．一定要少赌咒发誓，无论如何，只要条件允许，就别赌咒发誓。

6．尽量不要和不智之人交好。但如果不得不这么做，就要小心别堕落到他们的水准，因为，你明白的，与肮脏的人做朋友，不管一开始有多干净，最后不可避免也要沾上点脏污。

7. 至于肉体上的问题，只留下食物、水、衣服、遮风避雨之处这类绝对必要的东西即可。将奢侈品和炫耀性的物件全部摒除。

8. 不要在性方面苛责其他人，或是对别人品头论足；如果你打算独身，也没什么可大肆宣扬的。

9. 如果你得知有人说你的坏话，别急着为自己辟谣辩白，而是要这样回应："没错，但他只是一知半解，因为他本来可以讲出更多的内容。"

10．没必要成为公共比赛的常客。但如果有机会去，而且你也的确去了，不要让别人看到你选择站哪一边，你自己知道就可以了。也就是说，只要希望该发生的发生，希望真正的赢家能获胜就行了。这样你就不会不开心了。大喊大叫、讥讽奚落、过度激动，都是要完全避免的。事后别多谈论赛事，也别谈到影响自己心情的程度。否则你显然会被比赛攫住心灵，过度着迷。

11. 不要过早或是过于轻率地下决心去听别人的演讲，如果你去听了，那就要保持严肃矜持，不要惹人讨厌。

12. 去见别人的时候，特别是去见你认为很重要的人的时候，自己先想象一下苏格拉底或芝诺在这种场合下会怎么做，这样不管发生什么，你都不至于应付不来。

13. 当你要去大人物家里时，告诉自己，你可能见不到他们，他们会把你拒之门外，当着你的面把门关上，不把时间匀给你。考虑过这些可能的结果之后，如果还是应该去，那就去吧，去直面结果。不要过后再对自己说："去得真不值。"这是凡俗之人在生活中遇到挫折之后常有的说辞。

14. 谈话时，不要滔滔不绝地沉浸在自己的经历或事迹当中。因为你喜欢讲述自己的事迹，并不意味着别人也喜欢听。

15. 别哗众取宠。这么一来会显得庸俗，可能会降低你在朋友们心目中的评价。

16. 贸然说些亵渎之语也不好。如果你自己没有举止失检，而别人却沉溺于口出亵渎之语，你甚至可以批评他们。不然，你也可以通过保持沉默、表现出不安或是犀利地瞪他一眼来传达出你不喜欢这样的言辞。

34

对于表象，一般而言，如果你对某件事产生了愉悦的印象，那么要小心，不要被它冲昏了头脑。稍微等一等，然后反思一下这两段时间：你体验愉悦的时间，以及愉悦之后为之自责的时间。比较一下，如果你戒绝了这件事后会变得多开心、多愉快。如果你真的有机会做这件事了，那就要多加小心，别被它的诱惑力、愉悦感、吸引力所征服。想一想你拒绝这件事会带来多少好处，以此来抵制诱惑。

35

　　如果你决定做某件事,即使大多数人不赞成,也不要因为怕被人看到而退缩。如果做这件事是错的,那就根本不应该去做;但如果是对的,那么为什么要在乎别人怎么评判你呢?

36

"现在是白天"和"现在是晚上"这两个命题可以构成选言命题[①],但没法构成联言命题[②],同样的,拿最大分量的菜对身体健康有益,却有损于晚宴中本应展现出的集体精神。所以当你与人共进筵席时,不仅要考虑筵席上的哪种食物对你的健康

---

① 也称析取命题,即"要么现在是白天,要么现在是晚上"。
② 也称合取命题,意思是"现在既是白天又是晚上"。

最有好处，也要多少为主人的健康考虑一下。

37

如果你去承担自己的能力所不能及的角色,那么不仅会让自己尴尬,还会错过自己原本足以成功胜任的角色。

38

就好比你走路的时候会留心别踩到钉子、别扭到脚踝一样,你也要留心不要损害自己的品格。做任何事情之前都要这样留心,这样你就不容易受到伤害。

39

每个人的身体都界定了他的物质需求的限度，例如，从小处来说，脚就界定了鞋的大小。注意到了这个原则，你就不会搞不清这些限度是什么。超过限度，你就会不可避免地跌落悬崖。就像是鞋的例子，如果你不把鞋界定在脚的限度内，你最终就会去渴望带金鞋跟的鞋、紫色的软鞋①，甚至是带蕾丝花

---

① 紫色在罗马帝国时期是非常高贵的颜色，紫色鞋属于高级奢侈品。

边的拖鞋。一旦突破了自然的限度,物欲的追求就会永无止境。

40

女孩到了一定的年纪,男人们便开始称她们为"女士"。由此,她们便误以为,这个世界对她们有多少尊重,完全取决于自己的魅力如何。结果是,她们变得越来越在乎外表,不顾其他。她们必须明白,只有培养出谦逊自尊的品格,才能成为真正的"女士"。

41

　　把大量时间花在吃喝拉撒或是寻花问柳上,是缺乏素养的表现。满足身体的需求只应该是顺带的,心思主要还是应该花在自己的精神生活上。

42

每当有人批评你或者错怪你时,要记住,他们只是在做、在说他们自己认为正确的事情。他们没法站在你的视角看问题,而只能站在他们自己的视角;所以,如果他们的视角是错的,那么受损害的是他们自己,因为是他们被误导了。我的意思是,如果有人宣称某个本来为真的联言命题是假,那么命题本身是不受影响的,反而是这个人自己,会因为暴露出自己的无知而受损。

明白了这一点,你就能带着更多的同情心来对待你的批评者了。每一次都要告诉自己:"他做的是他以为正确的事情。"

43

每种情况都有两个抓手：一个是你可以承受的，另一个则会让状况变得难以承受。如果你的兄弟对你不好，别去纠结他做的错事（因为这么纠结下去会让你无法忍受），而是要提醒自己，他是你的兄弟，你们是从小一起长大的，他会做错事也是有迹可循，这样你的心里会好受一些。

44

下面这两句话是不合逻辑的,"我更富,所以我比你高级",以及"我把话说得漂亮,所以我做人比你强"。反过来,这两句话才是合乎逻辑的,"我比你富,所以我的钱比你多",以及"我把话说得漂亮,所以我的口才比你好",但钱和口才都不能代表你这个人究竟如何。

45

有人洗澡洗得很匆忙,不要说他洗得不干净,只要说他洗得匆忙。有人喝了很多酒,不要说他喝这么多不好,只要说他喝了很多。除非你知道他们这么做的原因,否则怎么能判断他们的行为是不好的呢?不要清清楚楚地亲眼看到某件事,嘴里却妄下结论地断言另一件事。

46

1. 绝对不要以哲学家自居，或者对不是哲学家的人多谈自己的原则，只要按这些原则去做事就好。比如，在晚宴上，不要教别人怎么去吃东西才是正确的，你自己好好吃就是了。要记住苏格拉底是多么不在乎声望的。人们曾经找他去介绍几个哲学家给自己，而他就亲切地陪这些人去找哲学家。对于别人的轻慢，他就是这样毫不在意。

2．如果聊天的话题转向了哲学，那么你要尽量保持沉默，因为你有可能脱口说出大量未经充分思考的信息。如果人们把你的沉默当成了无知，却没有让你不安，那么很好，这是你开始成为哲学家的真正标志。羊不会拿草给牧羊人看，来证明自己吃了多少草，它们会把草消化进自己的身体，然后拿出羊奶和羊毛。所以，不要向不懂的人炫耀自己的哲学知识，而是要用自己的行动告诉他们你吸收了什么。

47

假如你的身体习惯了俭朴的生活，不要扬扬得意；如果你只喝水①，不要抓住每一个机会大肆宣扬。如果你想要训练身体朴素苦行，那么自己做就是了，不要做给别人看。不要拥抱大理石雕像②，如果你恰好

---

① 欧洲古代贵族通常不喝白水，而是喝葡萄酒。只喝水被视为非常俭朴的生活习惯。
② 第欧根尼等犬儒主义者会在天冷的时候裸体拥抱户外的大理石像，以此作为一种苦行。爱比克泰德认为这种行为多少有点唯恐他人不知的炫耀意味。

非常渴，那么嘴里含一些冷水然后再吐出来，不要告诉别人。

48

1. 普通人的标志和态度是无论助益还是损害，都向外求，并把原因归结于外部。哲学家和普通人不同，他们都仅仅反观自身，从自己身上找原因。

2. 一个人取得进步的标志是，他从不批评、吹捧、责备、指指点点，也从不表现得像是无所不知、无所不能。如果遭逢挫折、失望，他只会反躬自省；如果被表扬，他更多的是感到有趣而不是得意；如果被批评，他不会费力辩驳。他行事如同病弱的人，时时小心别在受伤的肢体完全恢复之前乱动它。

3. 他抹除了所有欲望，只厌恶那些与自然相悖而且他又能够控制的东西。他只用超然的态度来对待冲动。他不在乎自己在别人眼中是否显得愚蠢或幼稚。一言以蔽之，他时刻警惕着自己，好比自己就是埋伏在身边的敌人。

49

假如有人自傲能够理解并评论克利西波斯①的著作,你就自己想想:"假如克利西波斯写得更清楚一些,这人也就没有什么可自傲的了。"对我来讲,我只在乎理解自然、顺应自然。所以,我要找的是能帮我解读自然的人,听说克利西波斯有这种本领后,我就求助于他。到目前为止,我还找不到什么自负的理由。当我发现克利西波斯真的

---

① 哲学家,斯多葛学派的开创者之一。

能解读自然后，还是要由我自己身体力行按照他的建议行事，而这才是唯一值得骄傲的事情。如果我只是欣赏他的解读，那我就变成文学批评家而不是哲学家了。要是这么做，我和真正的文学批评家之间唯一的区别就是我解读的不是荷马而是克利西波斯而已，但如果是这样，当人们让我为他们解读克利西波斯的时候，我只会感到羞愧，因为我的行为不符合或者达不到他的教诲。

50

不管你的使命是什么,只要是正确的、正义的,坚持到底,遵之如律,背叛它就是犯下亵渎之罪。不要理会旁人说些什么,不应再让这些言辞影响到你。

51

1. 你还要等多久，才会要求自己做到最好，才会交给理性来判断什么是最好的？你已经接触了基本信条，并宣称自己理解了它们。所以，你迟迟不将这些原则付诸行动，是还在等什么样的老师从天而降，来到你面前吗？你已经长大成人，不再是孩子了。如果你还是这么懒散、漫不经心，一次次推三阻四，日复一日地坐等有一天终将完全掌握自己，那么你将浑然不觉自己的不思进取，最终在混沌中生活，在蒙昧中死去。

2. 最后下定决心吧，你是个成年人，要将余生用来进步。遵从看起来最善最好的东西，视之为不可违逆的律法。当面对任何能带来愉悦或痛苦的东西、任何能带来光荣或耻辱的东西时，要意识到危机就在眼前，竞技已经开始，没有坐等不动这一选项。无论是要抓住进步的机会，还是要错过进步的机会，全都取决于一日之事。

3. 苏格拉底就是这样，依靠理性应对每一个挑战。你还不是苏格拉底，但你仍然能选择以他为榜样去生活。

1. 哲学第一个（也是最重要的）领域是，贯彻诸如"不要说谎"这类的原则。第二个领域是论证，例如我们为什么不要说谎。第三个领域是支持并阐述我们的论证，例如问一些问题："如何证明这一点？到底什么是论证，什么是逻辑推理，什么是矛盾，什么是真理，什么是谬误？"

2．因此，第三个领域的必要性，是来自第二个领域；而第二个领域的必要性，是来自第一个领域。但最重要的是，我们最应该选择把时间花在第一个领域上，而我们实际做的却恰好相反。我们纠缠于第三个领域，为之全神贯注，而完全忽略了第一个领域。结果是，我们事实上还在说谎，却能毫不困难地证明为什么我们不该说谎。

53

1. 无论何种情况下,都要抱有这样的看法:

指引我吧,命运之神。指引我走向那早已指定给我的目标。

我会毫不犹豫地追随。即便我因为任性而抗拒,我也必须追随。

2. 谁能欣然接受必然,谁就是遵循众神之道的智者。

3."亲爱的克里托,如果这是神意,那就这样吧。"①

4."阿尼图斯和迈勒图斯可以杀死我,却没法伤害我。"②

---

① 出自柏拉图《对话录》中的《克里托篇》,苏格拉底被捕入狱后,他的朋友兼学生克里托劝他越狱逃命,而苏格拉底则愿意欣然赴死,并以此回答了克里托。
② 出自柏拉图《对话录》中的《申辩篇》,阿尼图斯和迈勒图斯都是指控苏格拉底有罪的控诉人。

爱比克泰德生平年表

公元 55 年

出生于罗马帝国东部行省弗里吉亚（Phrygia）的希罗波利斯（Hierapolis，今土耳其境内）。

同年，斯多葛派哲学家塞涅卡为登上帝位一年的尼禄撰写《论怜悯》(*On Mercy*)。

公元 60 年

爱比克泰德被卖到罗马，做了爱帕夫罗迪德（Epaphroditus，他曾是尼禄的奴隶，后被释为自由人，成为尼禄宠臣，权重一时）的奴隶。为奴期间，爱比克泰德听了当时知名的斯多葛派哲学家鲁弗斯（C. Musonius Rufus）的课程。

公元 68 年

爱比克泰德重获自由。

同年，罗马帝国众多行省爆发了反对尼禄的叛乱，尼禄仓皇逃离首都，随即下台。率军起义的西班牙行省总督加尔巴（Galba）即位后，因推行政策不得人心，在位仅仅七个月后，加尔巴遭到杀害。

公元 81 年

这一年的爱比克泰德无大事发生。他渐渐成为专门的哲学教师,开始小有名气。

同年,罗马帝国第十位皇帝提图斯(Titus)去世,其弟图密善即位。他的统治表现出强大的威权主义特征。

公元 89 年

图密善害怕颇有影响力的哲学家们的势力对他产生威胁,将哲学家们驱逐出罗马,爱比克泰德也在此列。

爱比克泰德因此移居希腊的尼科波利斯(Nicopolis),继续讲学,并一直生活在此,直到去世。

公元 107—109 年

爱比克泰德在尼科波利斯的哲学学校颇具盛名,吸引了罗马上层阶级的拜访,其中就有阿里安(他的全名为 Lucius Flavianus Arrianus Xenophon)。他学习了两年,我们现在能够看到的爱比克泰德的作品,是经阿里安整理得来的。

公元 117 年

朋友去世,托孤爱比克泰德。为了抚养孤儿,爱比克泰德结婚。

公元 135 年

爱比克泰德去世。他一生清贫，长期只有一个居所，这与斯多葛学派两位代表人物——享尽荣华的马可·奥勒留和因身居要职、著书立说而生活优渥的塞涅卡——很是不同。

译后记

如果我们细细了解古今中外的贤哲的生平的话，会发现大多数哲学家都有不错的原生家庭。柏拉图是含着金汤匙出生的贵族；王阳明来自官宦之家；叔本华家底雄厚；康德略逊一筹，也还是小康家庭出身。这不难理解，因为财务自由真的能赋予人很大的"自由"。一方面，可以去尽情追求哲学这样的基本上无法和经济回报直接挂钩的东西，而不必有后顾之忧；另一方面，富贵人家能给自己的子女提供更好的教育条件，而这也是古今中外精英阶层最为重视的事情。

爱比克泰德则不同。大概这世上很少有人比生为奴隶的他起点更低了。但不幸中的万幸是，他的主人是罗马皇帝尼禄的秘书爱帕夫罗迪德，这使得他有机会接触到哲学家鲁弗斯，并在主人的允许之下拜其为师。为奴八年后，爱比克泰德获得了自由，在罗马城里教授哲学。到了图密善时代，他和若干哲学家一同被逐出罗马城，于是来到希腊的尼科波利斯继续讲学。他名满天下，追随者众多，据说连哈德良皇帝都曾经问道于他，然而他却依然过着极度俭朴的生活，直至最后死去。

　　爱比克泰德和很多古代哲学家一样，述而不作，他流传后世的大多数论述都来自弟子阿里安整理的语录。因此，他的作品常常带有一种朋友间的闲谈般的散淡平易。不过这种散淡平易不仅仅是一种文字风格，更是他所代表的斯多葛派哲学本身的要义所在。和关注自然哲学、社会哲学的很多其他古代哲学流派不同，斯多葛派更多的是一种道德哲学，而具体到爱比克泰德这里，是一种有关自我的道德哲学。借用东方式的说法就是所谓修身之道。在爱比克泰德看来，修身之道的关键在于——分辨什么东西是自己能控制的，什么东西是自己无法控制的。可控之物其实出乎意料的稀少，甚至如我们的肉体，也有种种差别；真正完全可控的东西，只有我们的内心。心外之物，都或多或少不可控，在不同语境下，我们可以称之为外物、神意、运势、大环境。我们人生中的一切，显然都受大量的不可控之物影响。因此，在爱比克泰德看来，重要的事情只有一件，就是抓住那唯一可控的东西——我们的内心，而不执着于具体的结果如何。

由于年代久远，很多记述已经消散，我们不清楚爱比克泰德的思想是否和他复杂的人生经历有关。这里，我想提一嘴他的家乡希罗波利斯。这个名字虽然听起来有些陌生，但要是提起土耳其棉花堡的话，想必很多人都听过。古城希罗波利斯正端坐在棉花堡蓝白辉映的炫目钙华池之上。在古代，这里是闻名全地中海的温泉疗养地，据说连埃及艳后也曾在这里休憩保养。许多身患重病的人把这里当成生命最后的希望，而他们大多数也敌不过命运，最终葬在了此地。因此，今天的希罗波利斯，除了大浴池之外最引人注目的就是大墓地。无论生前是奴隶还是国王，死后也都不过是大墓地里的一把枯骨而已。

这就是每个人的结局,同时也是包括斯多葛派在内的诸多哲学流派试图解释甚或是对抗的东西。而爱比克泰德的回应就是:尽管天命无常,人生永不自由,但人心却永远自由。简单来说,纵然我们无法逃脱贫穷、疾病、死亡,但却可以选择以什么样的心态去面对这些境况。这么做的目的并不是要让自己处于道德的制高点而自我陶醉,甚至也不是为了解脱痛苦、寻求幸福,而是坚守生而为人的尊严。人即为自由。这是比财务自由这类"基于外物的自由"更为本质的自由。虽然我们绝大多数人都无法成为哲学家,但我们可以自由地选择像一个哲学家那样活着。这或许就是为什么两千年的光阴过去，现在的我们仍然需要读爱比克泰德的原因。

感谢果麦文化以及所有为本书的出版做出贡献的同人。译者水平有限，错漏之处在所难免，恳请各位读者批评指正。

译者　孙腾

2024 年 9 月 5 日

论选择的艺术

作者 [古罗马] 爱比克泰德　译者 孙腾

产品经理_黄迪音　装帧设计_吴偲靓　产品总监_李佳婕
技术编辑_白咏明　责任印制_梁拥军　策划人_许文婷

营销团队_王维思 谢蕴琦

果麦
www.guomai.cn

以 微 小 的 力 量 推 动 文 明

图书在版编目（ＣＩＰ）数据

论选择的艺术 /（古罗马）爱比克泰德著；孙腾译. 西安：太白文艺出版社，2025.2. -- ISBN 978-7-5513-2858-6

Ⅰ．B502.43

中国国家版本馆CIP数据核字第20257JY842号

论选择的艺术
LUN XUANZE DE YISHU

著　　者	[古罗马] 爱比克泰德
译　　者	孙　腾
责任编辑	黄　洁　李　洋
封面设计	吴偲靓
出版发行	太白文艺出版社
经　　销	新华书店
印　　刷	河北鹏润印刷有限公司
开　　本	770mm×1092mm　1/32
字　　数	15千字
印　　张	3.75
版　　次	2025年2月第1版
印　　次	2025年2月第1次印刷
印　　数	1—5,000
书　　号	ISBN 978-7-5513-2858-6
定　　价	39.80元

版权所有 翻印必究

如有印装质量问题，可寄出版社印制部调换

联系电话：029-81206800

出版社地址：西安市曲江新区登高路1388号（邮编：710061）

营销中心电话：029-87277748　029-87217872